Não deixe a felicidade guardada na gaveta

RONALDO VAZ

Não deixe a felicidade guardada na gaveta

49 DICAS E MEIA PARA VOCÊ SER UMA PESSOA MAIS FELIZ

Editora
Pensamento
SÃO PAULO

Copyright © 2008 Ronaldo Vaz dos Santos.
Todos os direitos reservados. Nenhuma parte deste livro pode ser reproduzida ou usada de qualquer forma ou por qualquer meio, eletrônico ou mecânico, inclusive fotocópias, gravações ou sistema de armazenamento em banco de dados, sem permissão por escrito, exceto nos casos de trechos curtos citados em resenhas críticas ou artigos de revistas.

A Editora Pensamento-Cultrix Ltda. não se responsabiliza por eventuais mudanças ocorridas nos endereços convencionais ou eletrônicos citados neste livro.

Dados Internacionais de Catalogação na Publicação (CIP)
(Câmara Brasileira do Livro, SP, Brasil)

Santos, Ronaldo Vaz dos
Não deixe a felicidade guardada na gaveta : 49 dicas e meia para você ser uma pessoa mais feliz / Ronaldo Vaz dos Santos. -- São Paulo : Pensamento, 2010.

ISBN 978-85-315-1673-3

1. Autorrealização 2. Conduta de vida 3. Felicidade 4. Sabedoria 5. Solução de problemas I. Título.

10-05750   CDD-158

Índices para catálogo sistemático:
1. Felicidade : Psicologia aplicada 158

O primeiro número à esquerda indica a edição, ou reedição, desta obra. A primeira dezena à direita indica o ano em que esta edição, ou reedição, foi publicada.

Edição   Ano
1-2-3-4-5-6-7-8-9-10-11   10-11-12-13-14-15-16-17-18

Direitos reservados somente para o Brasil,
adquiridos com exclusividade pela
EDITORA PENSAMENTO-CULTRIX LTDA.
Rua Dr. Mário Vicente, 368 — 04270-000 — São Paulo, SP
Fone: 2066-9000 — Fax: 2066-9008
E-mail: pensamento@cultrix.com.br
http://www.pensamento-cultrix.com.br
Foi feito o depósito legal.

Dedico este livro a todas as pessoas que teimam em ser felizes por mais que a vida diga não...

Agradecimentos

Agradeço, em especial, a três pessoas que me tornam mais feliz a cada dia:

Minha esposa, Thelma, a pessoa mais especial que já conheci em toda a minha vida;

Minha primeira filha, Letícia, um doce;

Minha filha caçula, Carolina, um presente.

SUMÁRIO

Prefácio do Dr. Crésio Alberto Vaz dos Santos 9
Introdução 11
1. Você tem muito mais capacidade do que imagina 13
2. Não seja menor do que você pode ser 15
3. Lute como se você fosse um herói 17
4. Passe uma borracha nos seus ressentimentos 19
5. Não use as circunstâncias como desculpa 21
6. Evite massacrar os outros com as suas críticas 23
7. Queime os seus navios 25
8. Lembre-se de que toda realização humana inicia-se com um sonho 27
9. Olhe para as flores 29
10. Busque a simplicidade e você será mais feliz 31
11. Tenha muita força de vontade 33
12. Ninguém aprende a nadar em terra firme 35
13. Não aponte o dedo para a vida 37
14. Quem tem muita certeza já está errado 39
15. A vida não é uma caderneta de poupança 41
16. Não seja tão infantil 43
17. Aproveite cada instante que ainda lhe resta 45
18. Aceite a ideia de que tudo se transforma e lute para que a transformação seja para melhor 47
19. A verdadeira amizade duplica as alegrias e divide as tristezas 49
20. Não se apegue ao que é supérfluo 51
21. Reflita sobre essa bela mensagem de madre Teresa de Calcutá ... 53
22. Sem a resistência do vento, os pássaros não conseguiriam voar 55
23. Tenha a ousadia de acreditar no "impossível" 57
24. O mau humor é uma estrada esburacada, mas de mão dupla 59
25. Os seres humanos são como os rios 61

26. Felicidade lembra despertador 63
27. *Imagine* 65
28. Existem limites, mas eles estão sempre muito além do seu quintal 67
29. O esforço contínuo pode revolucionar a sua vida 69
30. Não se iguale aos que o ofendem: pague o mal com o bem.... 71
31. Sofrer é inevitável, mas que seja o mínimo possível 73
32. Cada dia é uma nova chance para você transformar a sua vida.. 75
33. Entenda o conceito de "previsão autorrealizadora" 77
34. Um claro sinal de inteligência é aceitar o que não pode ser mudado 79
35. Bola de neve 81
36. Use a sua raiva como impulso para uma ação serena e pacífica . 83
37. O Norte da sua bússola 85
38. As árvores menos flexíveis são as que primeiro se quebram com o vento 87
39. Quem apenas espera nunca alcança 89
40. Evite as discussões em que "um" tenta falar mais alto do que o "outro" 91
41. Você está condenado a ser livre 93
42. A esperança não é uma opção; é uma necessidade 95
43. Ninguém consegue subir uma montanha se não perceber que ainda está embaixo 97
44. Saia da caverna 99
45. É preciso navegar 101
46. Viva cada momento como se não existissem o "antes" nem o "depois" 103
47. Do seu ponto de vista, a sua vida deveria ser considerada a coisa mais importante de todos os tempos 105
48. Pare de fazer birra 107
49. Não seja tão seletivo: agarre todas as oportunidades de ser um pouquinho feliz 109
Felicidade é saber o que se quer... E querê-lo apaixonadamente 111

PREFÁCIO

Venho exercendo a medicina há trinta anos. E em todo esse tempo fui percebendo uma associação clara entre "doença física" e "problemas emocionais". Baseando-me nisso, criei o hábito de me interessar pelos aspectos psicológicos de meus pacientes.

Nas conversas rápidas durante as consultas, sempre procurei entender, aconselhar, dar algumas "dicas". Queria que o paciente fosse embora levando não só a receita, mas, principalmente, alguns sinais de esperança. Na verdade, o meu desejo era que ele saísse do consultório mais feliz. E a Ciência já comprovou, inequivocamente, que a felicidade é fator decisivo para a saúde física e mental.

E é por isso que recomendo este livro. Tenho convicção de que ele pode tornar mais feliz a vida de quem tiver a oportunidade de lê-lo.

Composto de capítulos curtos, escrito em uma linguagem ao mesmo tempo simples e profunda, ele atinge o seu objetivo que é "mudar para melhor a vida das pessoas". Trata-se de uma obra marcante, capaz de gerar transformações psicoterapêuticas.

É um livro inesquecível...

Para terminar, transcrevo aqui uma frase do escritor argentino Jorge Luís Borges (que é citada neste livro em meio a citações de outros autores geniais):

"No passado cometi o maior de
todos os pecados: não fui feliz."

EVITE ESSE PECADO.
ABRA A GAVETA...
VÁ SER FELIZ!

– Dr. Crésio Alberto Vaz dos Santos
Cardiologista

No passado cometi o maior de todos os pecados: não fui feliz.

Jorge Luís Borges

Ser feliz é, sem dúvida, a maior missão de um ser humano. Aquele que não buscar isso com todas as suas forças, fatalmente se arrependerá no futuro. Aí, então, será tarde. Essa é a maior tragédia que uma pessoa pode vivenciar: olhar para trás e perceber que desperdiçou a vida; perceber, lamentavelmente, que, embora tivesse potencial e capacidade, embora fosse possível, não foi feliz.

Comparado a tudo o que podemos ser, só usamos uma pequena parte dos nossos recursos físicos e mentais. Para ser mais específico, o ser humano vive bem longe dos seus limites. Nós temos grande número de poderes que normalmente nunca usamos.

William James

1
VOCÊ TEM MUITO MAIS CAPACIDADE DO QUE IMAGINA

*A*s pessoas podem viver na neve e podem viver no deserto mais quente que existe, porque o ser humano sempre pode viver.

As pessoas podem viver com um sorriso no rosto, mas também chorando conseguem seguir em frente, porque a humanidade é mais forte do que imagina.

As pessoas podem viver na terra e podem viver sobre a água e podem viver no céu, porque elas têm uma enorme capacidade de se adaptar.

As pessoas podem voar bem alto, mas também podem se apegar ao chão, porque cada um faz as suas próprias escolhas.

As pessoas podem ser livres e podem viver algemadas (até num campo de concentração, as pessoas podem viver), porque o ser humano sabe ter esperança.

As pessoas podem ver e ouvir, mas mesmo os cegos e os surdos conseguem viver, porque a humanidade é muito mais do que isso.

As pessoas podem viver estando vivas e podem viver depois que se foram, porque há sempre alguma coisa que continua.

Se alguém varre as ruas para viver,
deve varrê-las como Michelangelo pintava,
como Beethoven compunha,
como Shakespeare escrevia.

Martin Luther King

2
NÃO SEJA MENOR DO QUE VOCÊ PODE SER

A minha experiência clínica como psicólogo sempre me revelou que as pessoas podem ser mais, muito mais.

Uma bela metáfora disso é o "pássaro" do livro *Fernão Capelo Gaivota*, do escritor Richard Bach. Nesse livro, uma gaivota muito especial batalha heroicamente em busca da superação dos seus limites. Etapas vão sendo vencidas, obstáculos, ultrapassados, e vamos assistindo, emocionados, a uma vitória após a outra.

O ser humano tropeça, afirmando para si mesmo que tem pouco valor; no fim, a autoconcepção e a autoprevisão acabam se confirmando. É a pessoa articulando a própria ruína, o próprio fracasso, a própria pequenez.

Há uma espécie de vocação para o pouco, para a passividade. E assim caminha a humanidade agarrando-se a mecanismos de defesa, fingindo que está tudo bem, que a vida é assim mesmo, que as mudanças são impossíveis, que tudo acaba se ajeitando, que o governo vai resolver...

Mas nada vai se ajeitar se o interessado não se colocar em movimento, não construir, com as próprias mãos, o seu "destino".

E por falar em destino, aí está uma palavra muito usada para encobrir as responsabilidades. Se alguém fica doente, foi o destino; se alguém morre num acidente, foi o destino; fracasso? O destino de novo... Não caia na armadilha de encarar o seu insucesso como inevitável, como uma trama do destino contra você. Isso apenas o enfraquecerá.

Quem se coloca sempre na posição de vítima acaba realmente se tornando vítima... Mas de si mesmo.

*E*xistem homens que lutam um dia e são bons; existem outros que lutam um ano e são melhores; existem aqueles que lutam muitos anos e são muito bons. Porém, existem aqueles que lutam toda a vida. Esses são imprescindíveis.

Bertolt Brecht

3
LUTE COMO SE VOCÊ FOSSE UM HERÓI

O ser humano tende a lutar bravamente quando está defendendo uma grande causa. Mas uma grande maioria jamais encontrará "essa grande e nobre causa" a ser defendida. A vida, na verdade, compõe-se de acontecimentos simples, coisas pequenas. Mas esse cotidiano humilde é toda a nossa vida. E existe algo mais importante do que a nossa vida, a nossa pequena e simples vida?!

Claro que não. Sendo assim, a nossa existência deveria ser vista por nós como a nossa grande causa, a maior de todas as causas, uma causa tão grande que deveria merecer de nós uma defesa heroica.

> *Guardar ressentimento é como tomar veneno e esperar que outra pessoa morra.*
>
> Shakespeare

4
PASSE UMA BORRACHA NOS SEUS RESSENTIMENTOS

Se você quer ter uma vida saudável, se você quer ser uma pessoa mais feliz, jogue fora os seus ressentimentos. Não guarde lixo dentro do coração; reserve para ele apenas coisas boas.

Pense nas pessoas maravilhosas que vivem no mesmo lugar que você; concentre-se nos gestos de bondade que, com certeza, existem aos montes à sua volta; olhe para os rostos brilhantes que estão à espera do seu sorriso.

Ficar magoado por muito tempo certamente diminuirá sua qualidade de vida, fará de você uma pessoa infeliz. E, para completar a irracionalidade desse sentimento, na grande maioria das vezes a pessoa a quem você dirige sua mágoa nem sabe o que está acontecendo.

A verdadeira medida de um homem não é o modo como ele se comporta em momentos de conforto e tranquilidade, mas como ele se mantém em tempos de controvérsia e desafio.

Martin Luther King

5
NÃO USE AS CIRCUNSTÂNCIAS COMO DESCULPA

Jamais use os problemas da vida como desculpa para o comodismo. "As pessoas que vencem neste mundo são as que procuram as circunstâncias de que precisam e, quando não encontram, dão um jeito de criá-las." Essa é uma bela mensagem que o dramaturgo irlandês Bernard Shaw nos deixou.

Lembre-se de que sempre há o que fazer. Nós somos livres para lutar contra o que nos faz mal.

Como escreveu certa vez o filósofo francês Jean-Paul Sartre, sintetizando parte de sua filosofia, "o mais importante não é o que fizeram de nós, mas o que fazemos com o que fizeram de nós".

Pense nisso.

> *P*or que reparas no cisco que está no olho do teu irmão, quando não percebes a trave que está no teu?
>
> Jesus Cristo

6
EVITE MASSACRAR OS OUTROS COM AS SUAS CRÍTICAS

Não assumir a responsabilidade pelos próprios erros é uma característica típica dos seres humanos. Desde a infância, é comum atribuir ao outro o defeito que não suportamos ver em nós.

Lembre-se desta sábia frase de Abraham Lincoln: "Quem não pretende ajudar não deve criticar".

Mas o melhor mesmo é simplesmente ajudar, sem a pretensão de dar "lições de moral". Ajude sem criticar; auxilie sem humilhar; dê a mão sem que esse gesto seja precedido pelo "puxão de orelha".

Em vez de criticar alguém, tente aconselhar. Ninguém gosta de se sentir depreciado. Aprenda a atrair as pessoas para o bom caminho, em vez de escorraçá-las do caminho errado.

Mais vale chamar do que mandar embora.

Aconselhe com carinho; corrija educadamente; mostre o caminho ao desnorteado. Mas sempre sem críticas ácidas, sem agressão moral. O outro, mesmo quando errado, merece todo o nosso respeito.

Querer vencer significa já ter percorrido metade do caminho da vitória.

Paderewski

7
QUEIME OS SEUS NAVIOS

A motivação é um dos elementos mais importantes da nossa personalidade. Muitas pessoas sabem o caminho correto, mas não o seguem; têm uma clara noção do que devem fazer, mas não o fazem. Falta o impulso. Falta aquele "querer" profundo que transforma a ação numa necessidade indiscutível.

Contam que, bem antigamente, um guerreiro, pouco depois de desembarcar com seus homens nas terras que queria conquistar, mandou queimar os navios que os haviam conduzido até lá.

Essa estranha e ousada ação teve o intuito de deixar bem claro aos seus comandados que não haveria como fugir: era vencer ou morrer. Ele sabia que os seus homens enfrentariam incontáveis dificuldades, batalhas dificílimas, e não queria que eles se acovardassem, pensando na possibilidade de fuga.

O comandante sabia que, sem opção, seus guerreiros lutariam melhor, com mais garra, com mais bravura, indo sempre em frente até o fim. Resultado: foram vitoriosos.

Daí é que surgiu a famosa expressão "queimar os navios". Há momentos em nossa vida que temos de queimar os nossos navios; indo em frente, haja o que houver.

*N*ão há nada como o sonho
para criar o futuro. Utopia hoje,
carne e osso amanhã.

Victor Hugo

8
LEMBRE-SE DE QUE TODA REALIZAÇÃO HUMANA INICIA-SE COM UM SONHO

Toda grande realização tem como berço a alma humana. É sempre no coração da humanidade que se iniciam os feitos espetaculares. O sonho é a mola da vida, é a motivação fundamental, é o projeto que faz nascer a obra-prima. O sonho é como a semente que, numa pretensão atrevida e um tanto sem lógica, olha para o mundo e diz: "Serei uma árvore!"

Sem a ousadia de sonhar, o homem ainda estaria habitando as cavernas.

Sonhe você também, mas não se esqueça de agir. O sonho que não se faz acompanhar de mãos calejadas tende a transformar-se apenas em frustração.

> *P*essoas comuns simplesmente pensam sobre como devem passar o tempo.
>
> Um homem de talento tenta utilizá-lo.
>
> Schopenhauer

9
OLHE PARA AS FLORES...

A melhor maneira de você utilizar o seu tempo é concentrando-se em cada momento de sua vida. Não interessa se você está realizando uma grande obra ou simplesmente regando uma flor do seu jardim, viva esse instante como se fosse o mais importante do mundo.

Sei como é difícil para você mergulhar no seu presente... mas tente — com todas as suas forças —, porque vale a pena.

Ponha na cabeça que hoje é o dia ideal, o dia perfeito para se viver.

O "hoje" é sempre o dia ideal, assim como o "agora" é sempre o momento exato. Amanhã talvez as luzes se apaguem. Faça já o que tem de ser feito.

A vida é uma oportunidade que se segue a outra e mais outra indefinidamente. Porém, se não olharmos para as flores, jamais veremos as suas cores.

Com ou sem os seus olhos, depois de um tempo elas murcham. E murchas de pouco nos servirão. É preciso ter a coragem de sentir o perfume das flores... vivas.

Analise essa frase brilhante de John Lennon: "A vida é aquilo que acontece enquanto a gente faz planos".

Não nos esqueçamos de que Lennon foi assassinado aos 40 anos de idade. Fez muito; foi um gênio dinâmico. Ainda bem que não ficou apenas nos planos. Esse grande poeta da música foi alguém que soube viver o presente.

> Que ninguém se engane: só se consegue a simplicidade através de muito trabalho.
>
> Clarice Lispector

10
BUSQUE A SIMPLICIDADE E VOCÊ SERÁ MAIS FELIZ

É difícil ser simples, porque, sendo simples, você tem que ser o que é. Então, as pessoas complicam, enfeitam, cobrem o rosto de máscaras. Capricham no rótulo por não confiarem muito no conteúdo. E, em meio a todo esse emaranhado de disfarces, vai se perdendo a vida; vão se perdendo as oportunidades de ser feliz.

Embora as pessoas não percebam isso com muita facilidade, ser feliz é sempre o mais importante.

Se eu pudesse dar um conselho a cada uma das pessoas, eu diria para elas serem mais simples... Simples como um copo d'água, que alivia a sede sem necessidade de espetáculos.

Os grandes artistas, conforme vão adquirindo experiência, capacidade, sabedoria, tornam-se estranhamente mais simples. A explicação para isso é que, ao longo dos anos, eles vão gradativamente se aproximando da essência das questões humanas. Aquele que procura enfeitar, rebuscar demais é porque está inseguro.

O pintor espanhol Pablo Picasso foi um grande exemplo disso. Analisando sua obra no decorrer do tempo, percebe-se uma nítida diminuição de traços. As pinceladas foram se tornando mais econômicas. O grande artista pode e deve ser mais discreto.

É como o ator talentoso que não precisa pular na frente das câmeras; ele se destaca naturalmente.

> *Quem é firme em seus propósitos molda o mundo a seu gosto.*
>
> Goethe

11
TENHA MUITA FORÇA DE VONTADE

É importante saber que a felicidade é possível. E ela requer, principalmente, uma vontade ativa, dinâmica, quase uma obstinação.

Saiba que um desejo emoldurado de ação é um desejo já meio realizado.

É necessário, portanto, acreditar em sonhos viáveis, em utopias palpáveis, em sorrisos possíveis. Não devemos nos conformar com o pouco que a vida, às vezes, insiste em nos oferecer. O ser humano, definitivamente, não nasceu para migalhas.

É preciso buscar aquela fé ingênua da infância, aquela crença ainda não domesticada. É preciso chacoalhar a mesmice, dar colorido às nossas vidas, revolucionar o nosso "destino".

Enfim, é preciso fazer o que tem de ser feito.

Não seja demasiado tímido em relação aos seus atos. A vida é uma experiência constante, e é bom que seja assim. Às vezes, não dá certo? Você falha e cai completamente por terra de vez em quando? Isso não tem importância: ponha-se de pé outra vez. Nunca se deixe assustar por uma queda.

Ralph Valdo Emerson

12
NINGUÉM APRENDE A NADAR EM TERRA FIRME

Para aprender a andar, uma criança tem de "fracassar" centenas de vezes. Cada queda é uma falha, um erro; mas também cada tombo representa um avanço em direção ao sucesso, que, se ela continuar tentando, será inevitável. A mesma coisa acontece em relação ao aprendizado da fala, da leitura, da escrita, das relações sociais etc. Todo aprendizado humano passa, necessariamente, por "quedas", "fracassos", "falhas". "Errar", portanto, não é exceção; é a regra. E isso vale mesmo para as pessoas mais bem-sucedidas.

O que devemos fazer é tirar vantagem dos nossos erros; transformar as nossas falhas em degraus. Como costumava afirmar Henry Ford: "Às vezes nossos fracassos são mais frutíferos que nossos êxitos".

A vida é uma pedra de amolar: desgasta-nos ou afia-nos dependendo do material de que somos feitos.

Bernard Shaw

13
NÃO APONTE O
DEDO PARA A VIDA

Não devemos atacar a vida, colocando nela toda a culpa. A vida é, e simplesmente é. Nem boa nem má, apenas um espaço aberto; uma espécie de folha em branco, aguardando a nossa história.

O texto que aparecer nessa folha, com as suas qualidades e seus defeitos, terá sempre o nosso estilo, a nossa letra, as nossas escolhas.

A vida que nos foi dada é um presente, uma oportunidade. Portanto, devemos agradecer; jamais lamentar. Aquele que vive maldizendo a própria vida age como um suicida gradual: vai se matando um pouco a cada dia. É uma espécie de *kamikaze* que voa cegamente para dentro de si mesmo.

Crê nos que buscam a verdade;
duvida dos que a encontram.

André Gide

14
QUEM TEM MUITA CERTEZA JÁ ESTÁ ERRADO

Uma das maiores criações da nossa mente foi a interrogação. A dúvida que leva à reflexão gera perguntas que querem respostas. Mas essas respostas quase sempre não são definitivas; são apenas caminhos que levam a outros caminhos, normalmente, distantes da "verdade absoluta".

Quantos anos viveu a humanidade sobre uma Terra plana! Quantas gerações assistiram, convictamente, o Sol girar em torno do nosso planeta! Quantas navegações não foram suspensas devido aos "monstros marinhos".

Depois de séculos e séculos, todas essas teorias mostraram-se equivocadas.

Sejamos, portanto, mais maleáveis na defesa de nossas ideias. A História tem demonstrado que mesmo os grandes cérebros falham. Newton (o gênio da Física) é um convincente exemplo disso. Depois de um longo período, o reinado de suas "inquestionáveis" teorias foi abalado por Albert Einstein, criador da Teoria da Relatividade.

Seja mais modesto; não queira ser o dono da verdade.

O tempo é o único bem totalmente irrecuperável. Recupera-se uma posição no campo de batalha, um exército e até um país. Mas o tempo perdido jamais é recuperado.

Napoleão Bonaparte

15
A VIDA NÃO É UMA CADERNETA DE POUPANÇA

Há pessoas que economizam a vida. Guardam a própria existência como quem esconde um tesouro. Só que tesouros podem ser resgatados e usados mais tarde; agora, quanto à vida, não: o dia que termina passou para sempre, acabou, não pode ser recuperado.

Viva, portanto, sem muitas reservas, sem cuidados fóbicos, excessivos. Segundo Charles Chaplin, "A vida é maravilhosa se não se tem medo dela".

A existência do ser humano possui uma lógica diferente da poupança. Nesta, à medida que se economiza, avolumam-se os bens. Já com a existência, dá-se, estranhamente, o contrário: a economia leva a perdas irremediáveis, pois o tempo desperdiçado evapora-se para sempre.

Se você quer ser mais e melhor, não se esconda em seu quarto. Rompa o "útero", abra a janela... Abra-se para si mesmo e saia para a vida. Vá conhecer os lugares, exceder os limites, presenciar a história que flui — enfim, vá viver!

Escreva, em atos, a sua "lenda pessoal". Tenha a ousadia de ser você mesmo. Jamais se acomode. Não se acovarde diante da ventania, do frio, da tempestade. Abra a porta e saia para a vida.

Quase todos nós caímos, por vezes, na armadilha da autopiedade. Mas algumas pessoas não conseguem se libertar dela. Aqueles que ficam com pena de si mesmos são facilmente reconhecíveis. Contam, com riqueza de detalhes, episódios tristes e dolorosos de suas vidas, guardados como se fossem recordações dignas de um álbum.

Luiz Alberto Py

16
NÃO SEJA TÃO INFANTIL

*H*á que se aprender a manter a estabilidade mesmo em meio ao vendaval. Os que desabam diante dos obstáculos da vida trazem em seu íntimo a esperança de que a mão de um pai ou de uma mãe virá socorrê-los. Esquecem-se de que isso foi há muito tempo.

Havia, de fato, a mãe; existia, realmente, o pai e todo um conjunto de certezas, proteções, ingenuidades e fantasias...

Mas isso pertence a um tempo remoto. Hoje — adolescentes, adultos — é a realidade que nos grita aos ouvidos a necessidade de vivermos o agora, de nos adaptarmos um pouco às circunstâncias, de aceitarmos o que é palpável, concreto, realizável.

Claro que os sonhos devem fazer parte da condição humana — e isso é muito saudável. Mas eles não se materializam sozinhos. Não basta a fantasia, a mágica, a ingenuidade tardia da infância.

Os sonhos podem nortear a bússola, mas jamais moverão o navio.

Se pudesse viver novamente a minha vida, na próxima cometeria mais erros. Não tentaria ser tão perfeito, relaxaria mais. Seria mais tolo do que tenho sido.

Na verdade, bem poucas coisas levaria a sério.

Texto atribuído a Jorge Luís Borges

17
APROVEITE CADA INSTANTE QUE AINDA LHE RESTA

Não viva cercado de escudos. Tenha a coragem de correr riscos. Não deixe o sorvete para depois, mesmo que a garganta esteja um pouco irritada. Dê um telefonema fora de hora; escreva cartas de amor, mesmo que isso lhe pareça antiquado. Faça aquilo que você quer, mesmo que seja considerado um tanto maluco.

Seja feliz, ainda que sua felicidade, aos outros, pareça ingênua. Caminhe mais sob a chuva, e faça-o descalço para que os seus pés toquem o chão dos seus dias, porque esses são os seus dias e não voltarão nunca mais. E se pisar em algum espinho, não lamente tanto, apenas arranque-o e prossiga.

Não viva tangenciando os limites. Mergulhe as mãos no real.

Faça besteira, leve tropeção, emocione-se com o pôr do sol, chore ao assistir àquela cena açucarada do filme. Seja você mesmo, valorize os seus sentimentos. Viva apaixonadamente cada momento de sua vida.

Sendo espontâneo, alguns poderão até achá-lo ridículo. Não tem importância. Ridículo mesmo é não ser feliz.

Um homem não entra duas vezes no mesmo rio. Da segunda vez, não é o mesmo homem, nem o rio é o mesmo.

Heráclito de Éfeso

18
ACEITE A IDEIA DE QUE TUDO SE TRANSFORMA E LUTE PARA QUE A TRANSFORMAÇÃO SEJA PARA MELHOR

O ser humano é uma interrogação que se transforma sempre, sem jamais atingir a resposta definitiva. Mas não é porque não se alcança "a" resposta, que não se pode conseguir "uma" resposta.

Viver é isso: ir substituindo uma resposta por outra, até que um dia não mais se pergunte. Porém, até lá, que se saboreie o prazer da dúvida e das respostas provisórias.

Sábio é o que se conforma com o fato de às vezes não alcançar, mas nunca desiste da busca.

Funcionamos quase sempre como um navegante inexperiente que, embora sabendo onde almeja chegar, desconhece o caminho exato e pouco sabe do mapa do mar.

Os obstáculos não podem ofuscar o brilho que é inerente à vida. Viver vai continuar valendo a pena (com alma grande ou pequena), já que não temos muita opção. Como escreveu certa vez o filósofo Montaigne: "Viver não é apenas a nossa ocupação fundamental; é também a mais ilustre".

Cada um que passa em nossa vida passa sozinho, pois cada pessoa é única, e nenhuma substitui outra. Cada um que passa em nossa vida passa sozinho, mas não vai só, nem nos deixa só. Leva um pouco de nós mesmos, deixa um pouco de si mesmo. Há os que levam muito; mas não há os que não levam nada. Há os que deixam muito; mas não há os que não deixam nada. Essa é a maior responsabilidade de nossa vida e a prova evidente de que duas almas não se encontram por acaso.

Antoine de Saint-Exupéry

19
A VERDADEIRA AMIZADE DUPLICA AS ALEGRIAS E DIVIDE AS TRISTEZAS

O contato de duas pessoas sempre gera uma influência recíproca, seja para o bem, seja para o mal. Faça com que o bem supere o mal em todas as suas relações. Seja educado, respeite aquele que se aproximar de você.

Não gere intimidade para depois desprezar; não ofereça carinho para depois recolher a mão com insensibilidade. A mão que afaga não tem o direito de agredir. A mão que toca o violão não deveria fazer a guerra.

No livro *O Pequeno Príncipe*, Exupéry, de maneira brilhante, presenteou-nos com a seguinte frase: "Tu te tornas eternamente responsável por aquilo que cativas".

Essa frase atinge-nos como um raio; é de uma profundidade filosófica desconcertante. Pense com carinho em seu significado...

Há quem passe pelo bosque e só veja lenha para fogueira.

Tolstoi

20
NÃO SE APEGUE AO QUE É SUPÉRFLUO

É incrível como os seres humanos se apegam ao que é supérfluo, às coisas materiais. Isso é um absurdo! Os nossos investimentos deveriam priorizar as relações humanas. Conheci um senhor bastante idoso que todos os dias pela manhã ligava o motor do seu carro, também já muito velho. Nunca usava o carro. Não teria para onde ir. Mas vivia a ilusão da posse: tinha um carro, embora isso não fosse essencial para ele.

Não tinha amigos, vivia isolado dentro de si mesmo, mas ligava o carro todos os dias. Brigava sempre com a esposa; magoava e era magoado. Trocava também agressões com a filha. Mas o seu carro, ele o acelerava todos os dias. Vivia em completa solidão.

Estava para morrer, mas, inexplicavelmente, preocupava-se com o motor do carro.

Um dia, maltratado e deprimido, faleceu solitário, entre a esposa, a filha e o seu carro indiferente.

Poderia ter feito tanta coisa, mas prendeu-se ao que, na verdade, era supérfluo.

Sua ausência foi sentida como uma gota que cai sobre a superfície tranquila de um lago antigo. Fez-se um certo movimento. Mas, depois, o silêncio.

As pessoas são irracionais, ilógicas e egocêntricas. Ame-as mesmo assim!
Se você faz o bem, as pessoas lhe atribuem motivos egoístas ou calculistas.
Faça o bem mesmo assim!
Se você tem sucesso nas suas realizações, ganhará falsos amigos e verdadeiros inimigos. Tenha sucesso mesmo assim!
O bem que você faz será esquecido amanhã.
Faça o bem mesmo assim!
A honestidade e a franqueza o tornam vulnerável. Seja honesto e franco mesmo assim!
Aquilo que você levou anos para construir pode ser destruído de um dia para o outro. Construa, mesmo assim!
Os pobres de espírito também têm necessidade de ajuda, mas poderão atacá-lo se você os ajudar. Ajude-os mesmo assim!
Se você der ao mundo o melhor de si mesmo, você corre o risco de se machucar. Dê o que você tem de melhor mesmo assim!

Madre Teresa de Calcutá

21
REFLITA SOBRE ESSA BELA MENSAGEM DE MADRE TERESA DE CALCUTÁ

Esse é um daqueles raros textos geniais que dispensam comentários. Deixe-se apenas banhar por essas ideias.

Se os homens vivessem no país das fadas, onde nada exigisse esforço e onde as perdizes voassem já assadas e recheadas, ao alcance da mão, num país onde cada um pudesse obter a sua amada sem dificuldade nenhuma, eles morreriam de tédio, se enforcariam ou se agrediriam, causando-se maiores males que os impostos pela natureza.

Schopenhauer

22
SEM A RESISTÊNCIA DO VENTO, OS PÁSSAROS NÃO CONSEGUIRIAM VOAR

Ao ser humano falta algo essencial, que ele vai tentando encontrar. Passará a vida inteira nessa busca, sem que jamais tenha sucesso definitivo. Mas é exatamente essa provisoriedade, essa incompletude que desperta o movimento nas pessoas. Desejar é querer restabelecer o equilíbrio rompido pela falta. É dessa eterna falta que nasce a vontade de se completar, e, consequentemente, o dinamismo da história humana. Caso o ser humano não tivesse carências, certamente a vida perderia muito do seu sal. Talvez, vivêssemos num paraíso insosso, monótono, povoado de angustiante mesmice. Sem desejos difíceis de serem realizados, caminhar perderia todo o seu sentido. As dificuldades, os "nãos" que a vida necessariamente nos oferece, dão tempero à nossa existência.

Veja o que Carlos Drummond de Andrade disse num de seus incríveis poemas: "Outrora viajei países imaginários, fáceis de habitar, ilhas sem problemas, não obstante exaustivas e convocando ao suicídio".

Seja lá o que você possa fazer, ou sonhe que pode, comece. A ousadia tem gênio, poder e magia dentro de si.

Goethe

23
TENHA A OUSADIA DE ACREDITAR NO "IMPOSSÍVEL"

O mundo é movido por aqueles que ousam dar um passo à frente quando todos permanecem parados ou estão retrocedendo. Muitas vezes, é preciso entortar a lógica, fazer caber o incabível, dar curvas à linha reta.

A primeira pessoa que falou sobre a possibilidade de se construir um avião foi alvo de chacota. "Como uma coisa tão mais pesada que o ar poderia voar?!" E hoje os aviões, aos milhares, cruzam o céu, e todos achamos isso muito normal.

Embora seja portador de uma inteligência espantosa, o ser humano tem uma visão estreita, o que o leva a duvidar daquilo que foge ao senso comum.

Essa mesma incredulidade ocorreu diante das seguintes ideias: o automóvel, o computador, o telefone, a televisão, a circulação sanguínea (até pouco tempo, acreditava-se que o sangue não se movia), os seres microscópicos etc. etc. etc.

O ser humano, na verdade, tem pouquíssimos limites – essa é a lei da nossa espécie.

Lembre-se de que impossível é aquilo que ainda não foi feito.

O bom humor espalha mais felicidade que todas as riquezas do mundo. É uma característica que nasce do hábito de olhar para a vida com esperança.

Alfred Montapert

24
O MAU HUMOR É UMA ESTRADA ESBURACADA, MAS DE MÃO DUPLA

O mau humor tem de ser encarado como doença, e não como um simples aspecto da personalidade. Uma pessoa com a fisionomia carrancuda, com raiva de todo mundo, na iminência do ataque, prejudica a si mesma e, obviamente, aos outros.

É um egoísta que vive querendo impor sua "tragédia particular" aos outros. Se é infeliz, os outros também têm de ser.

Alguém que seja assim precisa de muito esforço e humildade para realizar uma transformação. A mudança, nesse caso, requer coragem, dá trabalho, já que implica abandonar paradigmas antigos, ou seja, deixar para trás velhos costumes, conceitos enferrujados.

O bom humor, porém, vale a pena; traz inúmeras vantagens. Uma pessoa bem-humorada é melhor em todos os aspectos de sua vida: é mais saudável, tem mais amigos, trabalha melhor; vive, enfim, com mais alegria.

Todo homem é o homem todo.

Sartre

25
OS SERES HUMANOS SÃO COMO OS RIOS

*D*entro de cada ser humano está toda a humanidade. Todos os defeitos, todas as qualidades, tudo dentro de uma única pessoa. O que varia é o grau.

Segundo Leon Tolstoi (grande escritor russo), um dos preconceitos mais conhecidos e mais propagados consiste em crer que cada homem possui, como propriedade sua, certas qualidades definidas; que há homens bons ou maus, inteligentes ou estúpidos, enérgicos ou apáticos, e assim por diante.

Os seres humanos não são assim. Podemos dizer que determinada pessoa se mostra mais frequentemente boa que má, mais frequentemente enérgica que apática, ou o contrário. Mas seria falso afirmar que uma pessoa é sempre boa ou inteligente, e de outra, que é sempre má ou estúpida. No entanto, é assim que normalmente julgamos as pessoas.

Esse raciocínio não é correto. Os seres humanos são como os rios: todos são feitos dos mesmos elementos. Mas se acompanharmos um determinado rio em todo o seu trajeto, perceberemos que, às vezes, ele é mais estreito, às vezes mais largo; em determinado ponto, suas águas esfriam e depois esquentam; há também trechos de calmaria seguidos de corredeiras violentas.

*Q*uem se senta no fundo de um poço para contemplar o céu, há de achá-lo pequeno.

Han Yu

26
FELICIDADE LEMBRA DESPERTADOR

$\mathcal{D}$esde o início, a humanidade vem pendulando entre a lágrima e o sorriso; entre o que tende à morte e o que nos leva à vida. Toda a nossa trajetória oscilou entre esses dois extremos. Porém as histórias humanas aglomeram-se mais no polo da infelicidade. E isso se deve fundamentalmente ao nosso comodismo individual, social e político.

Servem-nos a sede, e nos conformamos com o deserto; roubam-nos a luz, e nós, covardemente, dizemos que é bom ser cego; apontam-nos um caminho errado qualquer, e, "carneiramente", seguimos, como se a palavra "não" fosse um imenso pecado.

Ser infeliz soa, portanto, como previsível; uma espécie de tragédia anunciada. Não exige treinamento nem dedicação. Basta colocar-se em "ponto morto"; entregar-se ao silêncio melancólico, deixando mente e músculos em desuso.

Por outro lado, a felicidade é mais trabalhosa. Pede projeto, organização. Requer cansaços, bocejos e noites sem dormir. Exige vontade, ânimo... uma certa obstinação.

Felicidade assemelha-se a metamorfose. Gestos que conduzem à transformação. Não se pode ser feliz sem modelagem, sem mudança planejada de acordo com desejos autênticos. Em função de tais desejos, modela-se o mundo (mudança para fora) e modela-se a si mesmo (mudança para dentro).

Não faças ao outro aquilo que não gostarias que o outro te fizesse.

Jesus Cristo

27
IMAGINE

Para mim, essa frase de Jesus é o momento mais brilhante de toda a Bíblia. Ela sintetiza a filosofia de vida desse ser extraordinário que foi, e é, Jesus Cristo.

Você já imaginou o que aconteceria se a humanidade seguisse esse ensinamento? Apenas esse ensinamento?! Se isso ocorresse em todo o planeta, a humanidade viveria a maior de todas as revoluções, seria quase outra espécie. Repito: seria quase outra espécie.

A exploração do homem pelo homem, por exemplo, não existiria mais, as pessoas se respeitariam... E as guerras seriam vistas apenas em museus!

E John Lennon, que não teria sido assassinado, poderia ver o seu sonho (que foi retratado na música *Imagine*) tornar-se realidade:

"Imagine que não existe razão para matar ou para morrer,
Imagine todas as pessoas vivendo em paz,
Imagine nenhuma propriedade,
Nenhuma necessidade de ganância ou fome,
Uma fraternidade de homens.
Imagine todas as pessoas
Compartilhando o mundo todo."

Lembre-se de que as relações humanas são uma estrada de mão dupla. Há sempre dois lados que devem conviver em harmonia, sem que um queira prejudicar o outro. O ideal seria que ambos os lados saíssem ganhando.

O brilhante filósofo alemão Nietzsche sintetizou maravilhosamente esse conceito numa única frase: "A justiça é sempre uma troca".

*N*unca é tarde para experimentar o novo, nunca é tarde para ir mais além.

A sorte costuma ajudar os audaciosos.

Gabriele D'Annunzio

28
EXISTEM LIMITES, MAS ELES ESTÃO SEMPRE MUITO ALÉM DO SEU QUINTAL

As pessoas podem muito mais do que pensam, mas não podem tudo. Como disse, certa vez, o psicanalista Hélio Pellegrino: "Ninguém se cura da condição humana".

Por mais que se acentue nossa evolução, jamais nos livraremos totalmente dos obstáculos que nos são peculiares. Isso, obviamente, fere o nosso narcisismo, macula o nosso sonho de perfeição.

Podemos muito, muitíssimo mesmo... Mas não somos deuses.

No entanto, mesmo finitos, falíveis, vulneráveis, temos de seguir o nosso caminho, tentando fazer o melhor possível.

Essa última expressão — "melhor possível" — traz em si a confluência de dois opostos: a palavra "melhor" diz respeito ao que desejamos, às nossas utopias; enquanto o termo "possível" refere-se à realidade, aos obstáculos impostos pelo mundo que nos circunda.

Ao ser humano, cabe transitar entre esses dois extremos, promovendo o diálogo do "querer" com o "poder". O desejo é sempre o que nos move para atuar sobre o mundo, mas nem sempre as nossas ações são bem-sucedidas.

Nesses momentos, temos de aprender a encarar os nossos limites, as nossas deficiências, temos de elaborar o luto pela onipotência perdida; nossos pés têm de roçar o chão...

É exatamente assim que o ser humano cresce. Da oposição entre a vontade e as possibilidades da vida, surge a síntese: uma pessoa ativa, que sabe impor-se como sujeito da própria história; alguém que se entrega à vida, sem escudos excessivos nem riscos desnecessários.

É impossível vencer uma corrida, a menos que se aventure a correr. É impossível conseguir uma vitória, se não se ousar batalhar. Nenhuma vida é mais trágica do que a do indivíduo que acalenta um sonho, sempre desejando e esperando, mas nunca dando uma chance a si mesmo para alcançá-lo.

Richard Devos

29
O ESFORÇO CONTÍNUO PODE REVOLUCIONAR A SUA VIDA

O empresário escocês Andrew Carnegie, homem de pouquíssima instrução, um típico autodidata, transformou-se num verdadeiro mito nos Estados Unidos. Era considerado um empreendedor genial, o que o levou a tornar-se um dos homens mais ricos do mundo.

Depois, surpreendentemente, passou a fazer doações exageradamente volumosas para diversas instituições, afirmando ter a pretensão de morrer pobre.

Leia, a seguir, uma de suas reflexões mais famosas.

"Nesta nossa vida, dois importantes fatos saltam aos olhos. Primeiro, que cada um de nós sofre inevitavelmente derrotas temporárias de formas diferentes, nas ocasiões mais diversas. Segundo, que cada adversidade traz consigo a semente de um benefício equivalente.

Ainda não encontrei nenhuma pessoa bem-sucedida na vida que não houvesse antes sofrido derrotas temporárias.

Toda vez que alguém supera uma dificuldade, torna-se mental e espiritualmente mais forte. Deveríamos agradecer às grandes lições da adversidade."

O melhor modo de vingar-se de um inimigo é não se assemelhar a ele.

Marco Aurélio

30
NÃO SE IGUALE AOS QUE O OFENDEM: PAGUE O MAL COM O BEM

Se alguém errar com você, não retribua com o mesmo erro. Uma das maiores burrices que o ser humano pode cometer é pagar uma ofensa "na mesma moeda". Agindo assim, você está se deixando moldar por uma pessoa com a qual não concorda.

Não se iguale àquele que é errado. Ao contrário, siga o exemplo dos bons; mire-se no comportamento daqueles que você admira.

O ódio, a vingança, a maldade às vezes são flechas, e podem até atingir o alvo. Mas, normalmente, funcionam mesmo como bumerangues, voltando tragicamente à sua origem.

Aquilo que foi doloroso suportar torna-se agradável depois de suportado. É natural sentir prazer no final do próprio sofrimento.

Sêneca

31
SOFRER É INEVITÁVEL, MAS QUE SEJA O MÍNIMO POSSÍVEL

O sofrimento é humano, assim como a religiosidade, a alegria, a amizade, a inveja, o medo da morte, a sexualidade. Tudo isso faz parte da vida.

Segundo o filósofo francês Montaigne, grande entendedor da alma humana: "É preciso aprender a sofrer o que não se pode evitar".

Embora o sofrimento não possa ser completamente eliminado, a sua intensidade pode — e deve — ser diminuída.

É possível, então, sofrer menos? Claro que sim. Aliás, essa é uma das principais funções da nossa tão valorizada inteligência.

Aceite com coragem os momentos de sofrimento que são próprios da vida. Mas, ao mesmo tempo, lute bravamente para que todos os sofrimentos evitáveis sejam evitados.

No fim de cada dia, ponha tudo de lado... Você fez o melhor que pôde. Se houve erros e enganos, esqueça-os imediatamente. Amanhã será um novo dia; comece-o bem e com serenidade.

Dale Carnegie

32
CADA DIA É UMA NOVA CHANCE PARA VOCÊ TRANSFORMAR A SUA VIDA

Perceba a noite como uma borracha mágica que tem o poder de apagar todos os erros do seu dia. Pensando assim, você verá cada novo dia como uma oportunidade de recomeçar. Faça, portanto, de cada dia uma vida inteira.

Não importa quantos erros você cometeu, não interessa se você tropeçou, chorou ou quase desistiu. Assim que o sol brilha, toda o dia anterior já é um passado distante. Não permita que as sombras do "antes" escureçam o sol do presente.

O começo de cada dia deve ser entendido como um renascimento, uma espécie de ressurreição.

*S*e você pensa que pode ou se você pensa que não pode, de qualquer forma você está certo.

Henry Ford

33
ENTENDA O CONCEITO DE "PREVISÃO AUTORREALIZADORA"

Existe um fenômeno psíquico denominado pela Psicologia "previsão autorrealizadora".

Funciona assim: quando você faz uma previsão sobre a sua vida, a sua mente tende a ajustar-se ao que você previu, criando os meios para que ela se concretize.

Vejamos um exemplo: se você prevê que será o melhor aluno da sala num determinado ano, haverá uma tendência para você estudar mais, ser mais atencioso, mais esforçado. Agindo assim, sua probabilidade de sucesso será bem maior. Mas, se a sua previsão for negativa, o fracasso será praticamente inevitável.

Perceba que as suas ações costumam ajustar-se ao que você pensa. Seus pensamentos, portanto, funcionam como uma espécie de antecipação do que vai ocorrer em sua vida. Sendo assim, seja mais cuidadoso quando estiver pensando, pois você estará construindo o seu futuro.

Não adianta reclamar de nada na vida, pois 90% das pessoas que o ouvem realmente não se importam e os outros 10% se divertem à sua custa.

Confúcio

34
UM CLARO SINAL DE INTELIGÊNCIA É ACEITAR O QUE NÃO PODE SER MUDADO

Viver tem de valer a pena. Tornar essa frase verdadeira é a nossa grande obrigação aqui na Terra. Temos de manter a estabilidade, mesmo durante um vendaval. É importante perceber que lamentar, resmungar, ter pena de si mesmo, apresentar-se como vítima das circunstâncias não resolve os problemas. Ao contrário, costuma aumentá-los.

Como escreveu Shakespeare, em uma de suas peças: "Lamentar uma dor passada, no presente, é criar outra dor e sofrer novamente".

Veja a seguir uma reflexão do escritor Machado de Assis sobre esse tema: "Trata de saborear a vida; e fica sabendo que a pior filosofia é a do choramingas que se deita à margem do rio para o fim de lastimar o curso incessante das águas. O ofício delas é não parar nunca. Acomoda-te a isso e trata de aproveitar".

*N*ão é aquilo que se tem, ou o que se é, ou onde se está, ou o que se está fazendo que nos torna felizes ou infelizes. É aquilo que pensamos. Por exemplo, duas pessoas podem ser vistas no mesmo lugar, fazendo a mesma coisa; ambas podem ter uma quantidade de dinheiro e um prestígio equivalentes; porém, uma delas pode ser um infeliz e a outra uma pessoa cheia de felicidade. Por quê? Porque têm atitudes mentais diferentes.

Dale Carnegie

35
BOLA DE NEVE

O ser humano não para de pensar. São milhares e milhares de pensamentos todos os dias.

Simplificando um pouco, vamos separá-los em dois grandes grupos: "pensamentos positivos" e "pensamentos negativos".

Os primeiros geram motivação, alegria, esperança. Já os pensamentos negativos caminham em sentido oposto, produzindo desânimo, tristeza, desesperança.

Seguindo esse raciocínio, fica evidente como devemos nos comportar em relação aos nossos pensamentos: os positivos devem ser "regados", os negativos devem ser "podados".

E tem mais um aspecto que é importante ser lembrado: nossos pensamentos seguem associações que se assemelham a "bolas de neve".

Um pensamento positivo gera, em nosso cérebro, uma tendência a associar-se a outros do mesmo tipo que vão, gradativamente, se expandindo e tornando a pessoa mais feliz.

Seguindo a mesma lógica, só que em sentido contrário, um pensamento negativo vai se juntando a outros que, se não forem podados, levarão à depressão.

Aprendi por meio de experiências amargas uma grande lição: devo controlar a minha ira e transformá-la em algo produtivo, assim como o calor insuportável é convertido em energia.

Nossa ira controlada pode ser convertida numa força capaz de mudar o mundo.

Não é que eu não fique irado ou não perca o controle. O que eu não dou é espaço para esses sentimentos destrutivos.

Cultivo a paciência e a mansidão.

Mas quando a ira me assalta, tento domá-la a todo custo. Como consigo? É um hábito que cada um deve adquirir e cultivar por meio de uma prática constante.

O segredo é praticar sempre.

Mahatma Gandhi

36
USE A SUA RAIVA COMO IMPULSO PARA UMA AÇÃO SERENA E PACÍFICA

Espero que a leitura desse texto, além de gerar uma reflexão sobre o tema tratado, desperte em você um interesse por essa pessoa extraordinária.

Gandhi foi, sem dúvida, um sábio. Na sua comovente luta para libertar a Índia do domínio inglês, tornou-se um líder de carisma irresistível.

Ele fez do protesto não violento a sua arma principal.

Ele pregava a luta constante contra o mal, contra a opressão, mas sempre de maneira pacífica.

Foi assim, com firmeza, serenidade e amor à justiça que ele conduziu a Índia rumo à sua merecida independência da Inglaterra.

O maior problema do ser humano e o único que deveria preocupá-lo é viver feliz.

Voltaire

37
O NORTE DA SUA BÚSSOLA

A maior de todas as nossas metas é ser feliz. Nenhum projeto pode ser mais importante do que esse. Nenhuma busca deve ser mais urgente.

Toda a riqueza do mundo não faz sentido se a felicidade não estiver entre os seus bens. Medalhas de ouro, imensos troféus de nada lhe servirão se você estiver triste. Sucesso, fama, reconhecimento, tudo será em vão se o seu coração estiver amargo.

Nada é mais importante do que um sorriso claro e verdadeiro. Sendo assim, sorria sempre. Não desperdice os seus dias.

Lembre-se de que nada atrapalha mais a vida do que uma cara feia, amarrada, de mal com o mundo. Fechando a cara, você está jogando para o seu cérebro mensagens negativas. Assuma a postura de uma pessoa feliz. Isso, com certeza, atrairá felicidade.

Para fechar esse texto, deixo a você, leitor, esta magnífica frase do filósofo francês Montaigne, homem de uma espantosa sabedoria: "A prova mais clara de sabedoria é uma alegria constante".

À beira de um precipício, só há uma maneira de seguir em frente: dar um passo para trás.

Montaigne

38
AS ÁRVORES MENOS FLEXÍVEIS SÃO AS QUE PRIMEIRO SE QUEBRAM COM O VENTO

Existem pessoas que são muito rígidas. Agem sempre do mesmo modo, aconteça o que acontecer. Vivem se chocando com o mundo, dando cabeçada; adoram "dar murro em ponta de faca". É como se a estrada tivesse curvas, e elas seguissem constantemente em linha reta. São os teimosos, os radicais; são aqueles infelizes que vivem trombando com as quinas da vida.

Evite esses comportamentos irracionais. Seja flexível. Adapte-se com inteligência às circunstâncias da vida. Saiba alterar a rota.

Leia a seguinte frase do genial escritor russo Dostoievski:

"Um ser que se habitua a tudo, eis a melhor definição que, a meu ver, pode-se dar de um verdadeiro ser humano".

Nada demonstra mais a inteligência humana do que a sua capacidade de adaptação. Siga, portanto, o exemplo do bambu: ele se dobra com o vento, mas, passada a ventania, ergue-se inteiro novamente.

Não há substituto para o trabalho duro. Gênio é 1% de inspiração e 99% de transpiração.

Thomas Edison

39
QUEM APENAS ESPERA NUNCA ALCANÇA

Aquele que simplesmente espera, provavelmente não alcançará. Avance em direção ao seu desejo. A felicidade é algo que se pega com mãos cansadas. Se você quer ser digno da vida, lute, batalhe, vença os obstáculos com o suor do próprio rosto.

Como disse a bailarina Anna Pavlova, "Ninguém pode chegar ao topo armado apenas de talento. Deus dá o talento; o trabalho transforma o talento em realidade".

Michelangelo, um dos artistas mais geniais de todos os tempos, afirmou certa vez: "Se soubessem o quanto eu trabalho e o quanto me esforço para fazer minhas obras, ninguém me chamaria de gênio".

Trabalhe bastante. Jamais deixe de fazer aquilo que você pode. Nem que for um pouco a cada dia, mas movimente-se sempre.

Se você quer progredir, valorize os seus atos; ame as suas realizações.

Jamais se esqueça de uma verdade que salta aos olhos daquele que analisa o comportamento humano: a ação humana é revolucionária.

*N*unca discuta, você não convencerá ninguém. As opiniões são como pregos: quanto mais são martelados, mais se enterram.

Alexandre Dumas

40
EVITE AS DISCUSSÕES EM QUE "UM" TENTA FALAR MAIS ALTO QUE O "OUTRO"

Quando duas pessoas iniciam uma discussão, o que ocorre na verdade é uma "guerra de egos". Uma quer vencer a outra, e apenas isso. Raramente aquele que discute tem a nobre intenção de alcançar a verdade. O que se vê, portanto, é uma conversa de semissurdos, cada qual ouvindo somente os seus próprios argumentos.

Sendo assim, o melhor que você pode fazer é fugir daquelas discussões exaltadas, acaloradas. Agindo dessa maneira, os seus relacionamentos serão menos estressantes: você conservará os amigos e evitará inimizades.

Uma ressalva importante: é claro que, se a discussão for civilizada, com ambas as partes se respeitando, pode haver um final feliz, com os dois lados se enriquecendo reciprocamente.

Você é livre no momento em que não busca fora de si mesmo alguém para resolver os seus problemas.

Lembre-se de que toda reforma interior e toda mudança para melhor depende fundamentalmente de você.

Kant

41
VOCÊ ESTÁ CONDENADO A SER LIVRE

*T*odas as espécies, com exceção do homem, são escravas dos instintos. Uma abelha, por exemplo, não pode, certa manhã, pousar em uma flor, pensar na vida e decidir: "Não quero mais fazer mel; vou mudar de atividade". Isso não existe. Fazer mel é o seu ofício, e é um ofício necessário. Os animais apenas cumprem o seu destino biológico; não há questionamento. São arrastados e empurrados por um caminho predeterminado que os levará a um fim obrigatório.

Somente o ser humano pode se dizer dono do próprio nariz. Somente o ser humano possui livre-arbítrio.

Mas essa liberdade, ao mesmo tempo que nos abre as portas do mundo, exige de nós responsabilidade. Podemos fazer tudo o que quisermos, mas temos de arcar com as consequências dos nossos atos.

A esperança é um empréstimo
que se pede à felicidade.

Joseph Joubert

42
A ESPERANÇA NÃO É UMA OPÇÃO; É UMA NECESSIDADE

O grande pregador e escritor português padre Antônio Vieira afirmou certa vez que "A mais fiel de todas as nossas companheiras da alma é a esperança". Quando ela se vai, parece realmente que todo o resto a acompanha, deixando-nos órfãos de futuro.

E uma das melhores maneiras de você se motivar é antecipar os ganhos que nascerão do seu esforço.

Quando um agricultor lança a semente no solo, ele deve visualizar, feliz, os frutos prometidos. Quando um pescador atira na água o anzol, ele deve sentir, orgulhoso, as escamas do peixe em suas mãos. Quando um arqueiro despede-se da flecha, o alvo já foi atingido em sua mente.

Agindo assim, o suor é mais leve; os dias, mais saborosos; a vida, muito mais plena. Enfim, é como se a esperança lubrificasse as nossas engrenagens mentais.

É impossível para um homem aprender aquilo que ele acha que já sabe.

Epiteto

43
NINGUÉM CONSEGUE SUBIR UMA MONTANHA SE NÃO PERCEBER QUE AINDA ESTÁ EMBAIXO

"Não sei o que eu posso parecer aos olhos do mundo, mas aos meus pareço apenas ter sido como um menino brincando à beira do mar, divertindo-me com o fato de encontrar, de vez em quando, uma pedra mais lisa ou uma concha mais bonita, enquanto o grande oceano da verdade permanece completamente por descobrir à minha frente."

Essa afirmação de Isaac Newton, que foi um dos maiores cientistas de todos os tempos, demonstra, de maneira poética, a importância da humildade em nossa vida. Mesmo ele, um homem inteligentíssimo, um gênio que revolucionou a Física, tinha a modéstia de perceber que sabia muito pouco. Essa postura deixava o seu espírito aberto para o conhecimento, para a descoberta.

Hoje em dia, vemos muitas pessoas enclausuradas em sua prepotência, tão orgulhosas de si mesmas, que vão construindo, sem perceber, a própria ignorância.

Sócrates, o pensador grego que, de certo modo, inaugurou a Filosofia, costumava dizer a seguinte frase: "Só sei que nada sei".

Pense nisso, e caminhe com humildade em busca das descobertas fundamentais de sua vida.

Não concordo com uma palavra sequer do que dizeis, mas lutarei até a morte pelo vosso direito de dizê-las.

Voltaire

44
SAIA DA CAVERNA

𝒪 tempo do homem das cavernas já acabou. Naquela época, sim, era natural que a razão estivesse sempre com o mais forte, o mais violento, o mais poderoso.

Hoje, embora ações anacrônicas ainda apareçam em nossa sociedade, o que se espera é que o argumento esteja acima da força bruta. A lei deve superar a violência. A ética deve elevar-se, inibindo ações covardes e desleais.

Jamais poderemos construir uma sociedade justa, democrática, alicerçada na ética, se não combatermos os gestos ditatoriais que inundam os mais diversos setores de nosso país.

É da flexibilidade, do respeito à voz do outro (mesmo que não concordemos) que nasce uma comunidade mais habitável — em que os cidadãos possam, sem constrangimento nem receios, exercer a plena cidadania.

Não é digno de saborear o mel aquele que se afasta da colmeia com medo das abelhas.

Shakespeare

45
É PRECISO NAVEGAR

Apesar de todos os obstáculos, as pessoas vão caminhando. Os passos obviamente não são em linha reta e muito menos uniformes, mas as pessoas insistem em continuar.

Pescadores antigos (e isso quem nos revelou foi o poeta português Fernando Pessoa) tinham o seguinte lema: "Navegar é preciso, viver não é preciso".

Essa metáfora marítima, que coloca o mar como símbolo de caminho, demonstra a necessidade de se enfrentarem os perigos, que são próprios da nossa existência.

Navegar, aventurar-se, ir além, "enfrentar as abelhas para conquistar o mel"... Sem isso, viver torna-se um ofício pouco atraente; sem isso a vida torna-se uma espécie de espera da morte.

Sendo assim, lança-se o homem às águas, como única maneira de dar sentido à vida.

Só existem dois dias no ano em que nada pode ser feito: um se chama "ontem" e o outro se chama "amanhã". Portanto "hoje" é o dia certo para amar, perdoar, acreditar, sorrir, fazer o que tem de ser feito... Hoje é o dia de viver.

Dalai Lama

46
VIVA CADA MOMENTO COMO SE NÃO EXISTISSEM O "ANTES" NEM O "DEPOIS"

*P*rocure todos os dias, logo de manhã, dizer para si mesmo a seguinte frase:

Hoje é um dos dias mais importantes da minha vida, porque...

A cada dia você deve completar essa frase com a ideia que lhe vier à cabeça. Busque em sua mente, vasculhe nos recantos de seu cérebro, faça o que for necessário, mas não deixe de encontrar uma razão qualquer para que esse dia seja, de fato, um dos dias mais importantes da sua vida.

Essa é a melhor maneira de se iniciar um dia produtivo e feliz.

Nunca é tarde demais para ser aquilo que sempre se desejou ser.

George Eliot

47
DO SEU PONTO DE VISTA, A SUA VIDA DEVERIA SER CONSIDERADA A COISA MAIS IMPORTANTE DE TODOS OS TEMPOS

O ser humano parece viver em câmera lenta. Fazemos da vida um rascunho jamais passado a limpo. Somos uma espécie de seres provisórios. Podemos ser águias, mas vivemos como cordeiros. Podemos ser grandes, mas insistimos em viver encolhidos.

Dificilmente percebemos o mais importante. Caminhamos distraidamente, esquecidos de que estamos no meio de uma aventura fantástica, a maior experiência de todos os tempos, que é a VIDA.

Mas nunca é tarde para abrir os olhos e enxergar a grandeza da existência humana.

Faça isso, então; deixe de viver como se estivesse anestesiado. Sinta o que tem de sentir, aproveite tudo o que puder ser aproveitado. Faça o que tem de ser feito.

Passe a sua vida a limpo, e agora.

O pavio curto é aquele que facilmente "explode", o famoso "tolerância zero". A pessoa que age assim é comparável a uma "criança mimada", que se nega a aceitar seus próprios limites e respeitar os limites dos outros, faltando com o respeito a si e aos demais.

Seley Bittú

48
PARE DE FAZER BIRRA

$\mathcal{O}$ tempo que uma bomba leva para explodir depende do tamanho do seu pavio. Daí nasceu a expressão "pavio curto", para classificar as pessoas de personalidade explosiva.

O chamado "pavio curto" costuma ser mal-humorado, pessimista, meio paranoico, o que provoca o afastamento das outras pessoas. Ninguém vai querer ficar perto de um chato desses.

Quando contrariadas, frustradas, essas pessoas tendem a reagir de maneira impulsiva, demonstrando uma agressividade exagerada, desproporcional, absurda. Costumam falar o que pensam, sem medir as consequências. Agem sem a mínima diplomacia.

Mas, depois que o estrago está feito, normalmente vem um forte arrependimento.

São, portanto, pessoas que sofrem e fazem sofrer.

> *Quando a felicidade se apresenta, devemos abrir-lhe todas as portas.*
>
> Schopenhauer

49
NÃO SEJA TÃO SELETIVO: AGARRE TODAS AS OPORTUNIDADES DE SER UM POUQUINHO FELIZ

*V*ários estudos de Psicologia — principalmente os de Psicanálise — já demonstraram, com razoável grau de confiabilidade, que a felicidade completa e permanente é algo que normalmente não se atinge.

O ser humano é uma eterna procura. Logo que realiza um determinado desejo (e, portanto, é "feliz" naquele instante), já surge outro para estimulá-lo, colocando-o em ação na busca daquilo que, de novo, possa completá-lo.

Muitas pessoas ficam ingenuamente aguardando "aquele dia" em que tudo será perfeito, em que o sol será mais brando e o sorriso será fácil... Uma espécie de espera do paraíso.

Esperam, aguardam, planejam — e, nesse meio-tempo, vivem em suspenso. São "seres-rascunho", que não são, mas serão; que não agem, mas com certeza agirão um dia... quem sabe, talvez...

É como aquele lindo castelo, que nada será, se permanecer apenas nas pranchetas da utopia. Há que se pôr uma pedra, depois outra, e outra — e elas devem estar ligadas por argamassa concreta, real.

É um erro esperar pelo "ideal". Ele jamais será atingido simplesmente porque o "ideal" está sempre um pouco à frente do lugar em que nos encontramos.

Nenhum vento sopra a favor de quem não sabe para onde ir.

Sêneca

FELICIDADE É SABER O QUE SE QUER...
E QUERÊ-LO APAIXONADAMENTE

(Eu peço agora que você me ajude a concluir este livro. Escreva neste espaço os seus sonhos, os seus projetos... Enfim, registre aqui o que você pretende fazer com o grandiosíssimo presente que é a sua vida.)

_____

_____

_____

_____

_____

_____

_____

_____

_____

_____

_____

_____

Fim. Ou melhor, começo...

Impressão e Acabamento
FARBE DRUCK
gráfica e editora ltda.